초록은 동색

김흥규 시집

초록은 동색

초판1쇄 발행 2021년 5월 6일

지은이 김흥규
펴낸이 이길안
펴낸곳 세종출판사

주소 부산광역시 중구 흑교로 71번길 12 (보수동2가)
전화 463－5898, 253－2213~5
팩스 248－4880
전자우편 sjpl5898@daum.net
출판등록 제02-01-96

ISBN 979-11-5979-447-6 03810

정가 10,000원

* 본 도서는 한국예술인복지재단의 창작준비금 일부를 지원 받았습니다.

초록은 동색

김 흥 규 제7시집

세종출판사

| 자서 |

아름다운 인생은 물처럼 사는 것이라는 뜻을 알면서도 실천하기엔 참 어렵습니다.

반세기 동안 식물을 가꾸는 일에 종사하며 밤이면 동굴에서 옥을 캐는 광부마냥 메마른 시심의 작은 싹을 틔우느라 밤을 새우는 날도 많았습니다.

지금도 졸작을 벗어나지 못하고 있지만 시를 읽고 쓰는 것은 문학인들과 어울려 배우며 또한 나를 돌아보고 정리하는 일이라고 생각하는 것이 솔직한 심정입니다.

이번 글도 부족하여 보는 이들의 눈을 거슬리게 하지나 않을까 걱정을 하면서도 단 한 사람의 가슴에라도 공감이 되어졌으면 하는 바람으로 용기를 냈습니다.

저자 黑松 김홍규

| 차례 |

제1부 범산에 부는 바람

제2부 뿌리깊은 나무

제3부 낙화되지 않는 꽃

제4부 파도없는 바다

제5부 허공을 딛고 건너다

제6부 손끝에서 웃는 꽃

제1부

범산에 부는 바람

고향 찬가

백운산 참새미에 솟아나는 맑은 물이
수영강 굽이 돌아 넓은 들을 적셔 주네
찬란한 아침 해가 창을 열고 밝아오는
숲이 많고 골이 깊어 임곡마을이라네
비바람이 몰아치고 눈보라가 거세어도
언제나 따뜻한 고향 집의 아랫목

천성산 한 자락에 터전을 닦았으니
해가 뜨고 달이 뜨고 별이 총총 빛이 나네
범산에 부는 바람 기쁜 소식 전해오는
꿈이 많고 희망찬 내 고향 황다리
비바람이 몰아치고 눈보라가 거세어도
언제나 따뜻한 고향 집의 아랫목

반세기를 함께 한 여인

손발이 늘 찬데도 발품을 팔면 반값에 산다며
칠천 원짜리 블라우스 한 장 고르는데
열 곳도 더 들러서 결정하는 여인
햇빛에는 반짝여도 달빛에 서면
어두운 돌처럼 딱딱한 여인
아직까지 마음 깊이에는 닿아보지 못했다

삶의 길에서 내 등을 밀어주면서도
가끔은 가시처럼 찔러 나를 아프게 하는 여인
겉보기에는 절대로 화려하지 않은 모습이나
흰 구름이 지어놓은 궁전을 보며 공주가 되는 여인
원수 같을 때는 세상에서 제일 보기 싫단다

물안개 걷히고 어슴푸레 길이 보이면
어떤 표현으로도 잴 수 없는 여인
뻗쳐오르는 꿈도 허무하게 무너지고
벌써 노을길 걷는 할머니가 된 여인
깡마른 팔을 내밀면 말없이 잡아줄 여인

청산

태양에 녹아
줄기줄기 흘러내린
푸른 산
출렁출렁 내게로 밀려온다

청산을 밟고 온 꽃구름
구름이 밀고 온 바람 줄기
두 팔 크게 펴고 끌어안으면
고향 하늘이 푸르게 시원하다

바람이 담아오는 산새소리
야생화 상큼한 향기도
쉬엄쉬엄 산자락을 내려와
줄기줄기 나를 감는다

청산에 빠져 초록물 흠뻑 드는 6월

복사꽃

산골
외딴집 울타리
복사꽃 홀로 산고를 치른다

수런대던 물소리
지나던 바람도 발을 멈추고
몸져누울까 조바심이네

인적도 집을 비워
초가집이 졸고 있다

꽃 다 지고,
잎 모두 활짝 피면
봄볕만 홀로 남아
적막을 지키겠네

무르익어 좋은 날

소슬바람
설렁설렁 더위를 헹궈
하늘은 파아랗고

청잣빛 오븐에는
가을이
붉게 익었다

뒷마당
주렁주렁 감나무 가지
홍시가 다 물러져도

천진난만한 풀벌레
노랫소리 절창이다
아, 마냥 좋은 저녁나절

가을 풍경

소슬바람 맞으며 칭얼거리던
홍시의 주리가 몹시 아리다 터져
장독대 질그릇 뚜껑에 떨어졌다
껍질 밖으로 튕겨져 나온 단내
익어가는 가을코를 건드렸네

단내 맞고 슬며시 일어난 바람
맵시 좋은 구절초 손잡고
언덕에 기댄 호박넝쿨 건너며
민들레 하얀 등을 밟아 버렸네
아파하며 길길이 뛰는 민들레 홀씨들

색색의 치맛폭으로
통통하게 살찐 가을을 담은 들판
뿌리 빠진 바람이 달리면
건넛산 꼭대기에 붉게 웃고 있던 웃음
화르르 산 아래로 쏟아져 내리네

고향 가는 길

땡볕 달궈진 황톳길 걸어
윗도리 벗어들고 고향집에 간다

황소걸음으로 넉넉하게 걸어도
마음은 한 걸음으로 달린다
숨은 턱까지 차는 숨소리에
비지땀이 흠뻑 몸을 적신다

서낭당 고개 막 지날 쯤
바람이 잠시 구름을 밀고 와
늙은 당산나무 아래는
할머니 부채처럼 시원하다

옹기종기 엎드려
이마를 맞대고 고향집이 졸고 있다
어머니 하고 부르는 소리에
환하게 반기시는 얼굴

덥썩 끌어안으며 울컥, 목이 메인다

故 문성호 님의 생애

부모님 기도로 받은 생
물기 마른 가을볕에
따글따글 잘 익힌 열매가 되어
매지매지 정든 이들 나눠주고
전생으로 되돌아 훌훌 떠난다

한 시절 태워 게워낸 붉은 언어
하늘은 온통 노을빛이다
번갯불이 치고 뇌성이 하늘을 찢으면
사방에 흩어져 있던 분신들 달려와
대번에 점 하나가 된다

푸른 하늘에
다리를 놓고 그리던 꽃 그림 밀쳐놓고
해가 서쪽으로 비스듬히 기우는 즈음
등 넘어 골 건너 꾼들 불러들여
석양주 한 상 거나해지면
웃음 진 얼굴마다 노을이 진다

가을 전령

명경 같은 달밤

풀 섶 헤치고
이슬밭도 지나

깨지도록
창문 두드리며 아우성 치는

반가운 저 소리

무슨 죕니까

오랏줄에 묶여
시멘트 바닥에 꿇어 앉아
비몽사몽이다

자 반 반듯한 각목이
탁자를 탁탁치면
졸던 전깃불 긴장해 빤히 내려다본다

도대체 내가 무슨 죕니까
야 임마 국가원수 모독죄야
넌 바로 죽는다

내 약속한다
입 다물고 조용히 지내겠다면
살려 주겠다

토하는 붉은 외침
유신헌법
반대한다

사정없이
구둣발에 짓밟히는 육신
정신은 또 혼미해진다

낙동강 하구

겨울 삼동에 야윈 햇살이 살 올라
물에 빠져 허우적거리고 있는데
만삭인 낙동강 허겁지겁
하구에 누워 몸 풀고 있다

몇 달 동안 삐대고 놀던
먼 데서 온 철새들
올 가을에 또 만나자며
작별 인사 대기 시끄럽다

하구언에는
겨울 빨래 한창 치대며 바쁜데
푸른빛 도는 갈대밭엔
올챙이들 오골오골 신나게 놀고 있다

종일 먼 길 건너와
멍석 깔고 붉은 몸 식히는 석양
초닷새 달 벼린 낫 들고 나서자
지레 겁 먹고 얼른 자취 감춘다

멀리 개구리 소리
어둠속을 헤치고 다가오면
봄날은 초록을 베고 길게 누워
깊은 잠에 빠져든다

풀꽃

볕 좋고 땅심 깊은 곳
뺏대 샌 이들에게 자리 뺏기고
그늘지고 척박한 곳으로 밀려났어요

기둥일랑 서까래는 아예
엄두조차 못 내고
지천에서 터 잡고 맘 편히 살고 싶었죠

때로는 짓밟히고 베여도
꿋꿋하게 일어서서 새잎 키우며
이 땅을 당당하게 지키고 있어요

비록 혼자 곧추설 힘 없어도
오로지 무명초로 유유하게 살 거에요
나를 깔고 가만히 누워 별을 한 번 따 보세요

개개비 집성촌

며칠 동안 종종걸음 하던 개개비들
신묘한 풍수 갈처사*에게 귀동냥 했는지
떼지어 갈대숲으로 집단 이주하네

발아래 뻘밭이고 뒤뜰 초원에는
양식 가득해 배불리 사는 걱정없고
천적이 날면 장검 같은 갈대 휘둘러 안심이란다

키 높은 갈대잎 사이 초당 한 칸씩 지어 놓고
은구슬 여남 개씩 품어 알 껍질 까면
꼼작거리는 새끼들 대를 이어 든든하단다

번지 새긴 문패 없어도 총기 하나는 좋아
성긴 갈대숲 비집고 다니며
소낙비 쏟아져도 두 치 오픈 날개로 지붕 만들며

명당에서 신선놀음하는 개개비 가족들

*갈처사 : 임금이 찾아 올 명당을 예측한 산마루에 터 잡아 초당을 짓고 산 신통한 풍수. 방문한 숙종왕의 묘자리(서오능에 자리한 명능)도 잡아 줌.

독창회

황소뿔 물러빠지는 유월 염천이다
날개 투명감지기로 기상을 관측하는 왕매미
느티나무 어깨 사이로 잽싸게 날아든다

그래, 날씨도 멋져
내 생에 한 번 뿐인 독창회지
깜깜한 지하방에서 십 년을 준비 했잖아
악보 없어도 내 음감으로 충분히 할 수 있어

볕에 데인 등짝 벗어 나무 밑둥에 걸어두고
눈알 빠질 듯이 죽을 힘을 다해
끝없이 풀어내는 노랫가락
가히 명창이다

건넛집 점심 칼국수 면발이
몸 비틀며 춤을 춘다
땡볕에 나앉아 듣고 있던 산이 까무라친다
등 굽은 소나무 마른가지 사이로
바람이 절로 인다

고향 맛 시래기

텃밭에서
장딴지처럼 우뚝 큰 무
싹둑 잘린 몸뚱이와 헤어져
짚으로 묶여 처마 밑에 매달렸다
하루종일
햇살 잠깐 들여다보고 가버리면
밤새 시린 바람에 마른 귀를 앓는다

질그릇에서 있는 정 없는 정이 발효된
동치미가 아니라고 서러워할 일도
구태여 가슴 칠 일도 아니란다
토장 풀고 땡초 넣어 끓이면
콧물 훌쩍이게 하는 시래깃국 시원하다

얼었던 겨울을 녹여
빈속을 데우고 콧구멍 뚫으려는
어머니 솜씨
뜨거운 역사 한 토막 울궈낸다

제2부

뿌리깊은 나무

연꽃

연못에
구름 디디고

환생하여
이생에 온

어느 보살의
간절했던 미소

故 박인수 회장님 영전에 올리다

지친 몸 기대거나 등 하나 비빌 곳 없을 때
가슴 열고 흙허물 툭툭 털게하고
대문 앞에 놓아둔 따뜻한 찻물은
신발 뒤축이 빠져나간 출향인 몫이라며
언제나 든든한 우리 고향 파수꾼입니다

날마다 가슴에 보석으로 새기는
하나 희망, "잘살아 보세"를 외칠 때
희붐한 새벽 침침한 눈 비비며 삽짝 열고 나가
처진 어깨로 별 짊어지고 마른 들판을 질러
골목으로 들어서는 이웃을 토닥이고
마당처럼 삐대던 몰랑들* 대민산 뻔대기서
가뭄에 누렁지로 굽히는 논바닥 보고
소낙비 같은 눈물 흘리며 하늘도 원망 했었고
호적등본 새겨 들고 진치제를 달려와도
어림 반 푼어치 안 될 소리하는 세상물정 어둔 사람 앞에서
땅이 꺼져라 한숨 쉬며 마음 삭힌 한 세월입니다

구십 평생 가꾸던 고향 텃밭 이랑이
돌길인들 철길인들 안 닳을 수 있으리오

씨앗이랑 거름소쿠리 다 내려놓고
피곤한 몸 다리 쭉 뻗으시고
편하게 쉬소서
창밖에 빗소리가 봄을 흠뻑 적시고
백운산 맑은 물에 천성산 따신 햇살에
우리 마을 텃밭에는 풍년이 가득할 겁니다

늘 해바라기꽃 같은 웃음으로
새벽을 알리는 샛별이 되어 주소서
뱃고동이 편히 쉬는 등대로 우뚝 서 주소서

*몰랑들 : 농사를 짓는 들판 이름

고향설

월급 십만 원이 통장으로 입금되면
머릿속은 바쁘게 목로주점을 더듬는다
가창오리 떼만큼 날아오르는 얼굴들
서너 명에게 번개 쳐놓고
몇 번씩이나 시계를 본다

밤이 이슥토록 술잔이 부딪히고
2차 노래방으로 옮겨 흥을 돋우며
고향설* 노래를 목청껏 부른다

왕복 이십 리 길 걷고 버스비 이만여 원
돌아오는 길은 언제나처럼
밤하늘의 별을 세며
남은 눈물을 만지작거린다

*고향설: 김다원 작사, 이봉룡 작곡, 백년설 노래

할머니의 남새밭

몇 날 며칠 땡볕에 목이 타고
지심에 치어 질식할뻔 한 남새밭
꼬부라진 할머니 발자국 따라
쫑긋쫑긋 귀를 세우는 푸성귀들

샘물이 찰랑찰랑한 할머니 물바가지에
굳어 있던 회색땅이 물러지면
밤새 별을 헤아리며
처진 어깨 우석우석 일어선다

한 사나흘쯤 지나면
둘레상에 덜큰하게 오른다고
조근조근 들려주는 바람결에 마음 설렌다

뜬 눈으로 밤을 지샌 이슬
아침 햇살에 반짝 눈을 뜨면
푸른 얼굴 활짝 펴는 할머니댁 남새밭

법기수원지

왁자그르르 하던 동부시외버스종합터미널에서 승용차로 십여 분, 밟힐 듯 되바라지게 발끝에 나앉아 빵그리 웃으며 반기는 앉은뱅이꽃. 두세 아름드리 거목들 울창하게 하늘로 치솟아 구십도 뒤로 고개 젖혀도 우듬지는 까마득하여 한 세기는 넘겼다고 위압감 주는 히말라야시다터널을 지나 초록 양탄자 깔린 못둑을 올라서니 찰랑찰랑 만수된 수원지가 눈앞에 다가와 막 넘치기 직전이다. 싱그러운 봄바람에 결고운 물나불이 반기니까 막혀있던 가슴에 시원한 구멍이 뻥 뚫렸다. 보석처럼 반짝이던 아침 이슬이 알몸으로 부끄럽다. 풀 섶으로 숨어들고, 벌 나비떼 들꽃들의 어지러운 향기에 유혹되어 걸음걸음 멈춘다. 자연의 풋풋함에 젊음 치솟고 녹음 속에서 산새들 지저귀는 법기수원지는 지금 봄의 교향곡에 취해 한창 졸고 있다.

판자촌

황해도 옹진에서 피난 온 철이네 집
아버진 전쟁터에 나가시고
삼팔선 괴뢰군의 따발총에 놀라
밤마다 꿈을 깬다는 할아버지와
성북고개 판잣집에서 다섯 식구 삽니다

통금 해제 사이렌이 울리면
영락없이 고갯길 내려가시는 어머니
어둠이 영도다리를 끌어 덮으면
꿀꿀이죽 빈 냄비에 허기를 담아옵니다
터진 깜장고무신 쩔뚝 걸음으로
국제시장 누비며 신문 파는 까까머리 철이
군인 간 아버지 씩씩한 행군처럼 신명 납니다

판잣집 얇은 살림살이
개떡수제비 한 대접도 푸짐하다며
네 살배기 동생과 날마다 고갯마루서 반기시는 할머니
꼬부랑작대기에 채머리를 흔들어도
식구들은 언제나 따뜻한 웃음입니다

할아버지

헛기침 소리가
할아버지 처소에서 일어서면
식솔들 귀도 쫑긋해서
발자국 뒤를 따라간다

햇살 밟고 뜨락으로 들어와
마당 우케 멍석을 노리던 참새 떼
할아버지 긴 트림 소리에 놀라
한 줄기 회오리를 일으키며
대숲으로 쫓겨 가 왁자그르르 하다

할아버지 그림자 돌아서서
사랑방 아랫목에 앉아
재 터는 은동거리장죽
놋쇠 재떨이 댕댕 울리면
하늘 천 따지
학동들 눈동자가 초롱초롱 별빛이다

전선에서 맺은 인연

– 충청남도 서산군 고북초등학교 4학년 최기숙

연필 끝에 침 묻혀 또박또박 정성들여 무운장구의 기원을 담아
보리밥풀로 밀봉한 하얀봉투를 받아쥔 손끝이 아직 따뜻하다
이역만리 열사의 나라에서 자유를 수호하느라 긴장한 병사에게
몇 날 며칠 망망대해 거친 풍랑 헤치고 심한 멀미도 참으며
캄란만 동보부대까지 찾아오느라 대포소리에 놀랐는지
몇 조각으로 금이 간 달작하고 쫄깃쫄깃한 껌 한 개는
된장국 열무김치로 차려보낸 어머님의 쌀밥 한상이다

하늘높이 솟았다 곤두박질치며 멀미하는 귀국선
기숙이가 보내준 따뜻한 마음 버리지 않고 소롯이 안고 왔다
날치가 날며 반기고 돌고래가 뛰며 즐거워했다

※1970년 연말에 받은 위문편지 속에 몇 가닥 금간 껌 한 개의 인연이 지금까지 달이 멀다하고 안부를 물으며 두 식구들이 오가며 잘 지내고 있다.

세 살 버릇 여든 간다

살을 에는 겨울날에도
땀 흘리며 살던 나는
고드름처럼
세상 거꾸로 살은 적 있다

내 맘같이
남을 믿으며 살다
거센 회오리바람 만나
가산을 전부 날려 보냈다

공들이던 탑 무너지고
꽃구름으로 피우던 꿈 사라져
물처럼 흐르던 일상이
하루 아침에 깨졌다

때늦은 후회와 어리석음은
물의 뼈를 키우며
분노의 쇳덩이를 달궈
원한의 날을 세우기도 했었다

그런데
아직도 남을 믿는 그 천성
못 버리고 산다

기도

엎드려 비는
대웅전 발치에
이끼처럼 피고 있는
소원 하나
긴 세월 저며안은
그 뿌리
꼭 살아나소서

금강산

비로 씻고
바람에 헹구면서
잘 키운
석부작 한 점
운무까지 드리웠네

군더더기 하나 없어
고스란히
눈에 넣어도
차마
티 되지 않겠네

강나루의 봄

먼동이 서둘러 물안개 걷어 내면
봇짐에 산 봄을 이고 지고
장에 나가는 선객들 북새통에
선창은 한동안 허리가 휜다

한창 봄이 익어가는 사월
나루터 지키다 늙은 왕벚나무
간간이 졸면서 고래숨을 쉬며
하얀 꽃잎을 분수처럼 뿜어 댄다

평상에 앉은 사공은 꽃비 맞으며
만선으로 몰려올 장꾼을 기다리는데
서둘러 강물에 뛰어든 꽃잎들
일렁일렁, 쉬고 있는 나룻배를 밀고 있다

세상에

운 좋은 집은
며느리가 물에 빠져도
금가락지 낀 손가락에
고기가 물어
시아버지 밥상에 올리고

재수 없는 놈은
짓고땡 화투판에서
논밭 날린 노름꾼이
삼 대 구년 만에
장땡이를 했는데
똥파리가 호롱불을 꺼
깽판이 났단다

황간 옹달샘의 여정

그리움에 지쳐 몸져누운 산
바람난 심장이 결국 터졌다
입었던 속옷 벗어둔 채
달콤하게 잠든 숲속
초록색 치마 밑을 빠져나와
아득히 먼 길 나섰다

해가 중천에 걸릴 무렵
새참 나르는 아낙의 눈에 잡혀
사방팔방으로 입방아 바늘에 찔리며
아랫마을 쩡쩡하는 할아버지 귀를 뚫고
날렵하게 풀섶에 숨어든 뜬소문은
꿈을 품고 도시로 간 소꿉친구들 귀에까지 닿았다

숨죽여 가만가만 엎드려 가던 물줄기
소문처럼 금시 강을 이룬 큰물이 되었다
기약 없이 먼 길 찾아오는
때 묻지 않은 산골 새댁을 맞아
그늘 한점 없는 잔치마당에 자리 펴고 기다리며
땀에 절은 넓은 가슴으로 왈칵 끌어안는
낙동강 하구언

삶의 뒤안길

예까지 걸어온 고달픈 삶
넓고 깊은 바다에 벗어 던진다
발자국이 하도 무거워
파도가 하얗게 뒤척인다
발자국 어루만지던 파도
부스러기는 모래밭으로 걸러내고
질기게 남은 상처
산더미로 쌓아 섬이 되었다
훌훌 다 벗어 던진 나는
한 마리 새가 되어
바다 한켠에 앉은 섬에서
파도소리 일렁이는 꽃구름을 그리고 있다

제3부

낙화되지 않는 꽃

죽씨가문 집성촌

대가집 소소한 바람에 갇혀
두문불출한 빈속이 쓰리다
며칠 동안 자욱한 안개 속에서
빗줄기 줄줄 가늘게 뽑아
겨우내 허기진 임산부 배를 불린다

태동하는 생명들
얼었던 땅거죽 맨발로 일어서서
허공을 딛고 하늘을 오르는 저 기상
영락없이 뼈대 센 아비를 닮았다
척척 옷 벗고 생존경쟁 시작하면
"올곧게 자라거라." 다독이는 어머니

태산 같은 비바람이 덮쳐도
줄기땀 이슬비로 털어내고
높은 하늘 우러러 치솟는다
맹종죽씨 후손들이 우뚝우뚝 땅 넓혀
척박한 곳에서도 집성촌을 이룬다

보약 같은 친구

칠천만 넓은 펄에는
한창 꽃가루 뿌리고 있는 달빛인데
포구에는 언제나처럼
뱃전에 기댄 물결이 잔잔하다

방파제 앉아 네게로 간 나는
잃어버린 그림자가 되었다가
문득, 허깨비가 되어
저도 미도 박도를 징검다리로 건너뛰고
침매터널 한참을 뚫고 나가
신평역에서 지하철을 타고 달려간다

황소 웃음으로 반기는 얼굴
목을 울컥 누르는 반가움에 손을 잡는다
숯불갈비집 원탁에 앉아
바다 건너온 흑돼지 몇 모타리 달게 씹으며
묵묵히 서로를 듣는다

댓순배 돌아간 소주잔이 몸을 달구면
지하노래방으로 자리를 옮겨

보약 같은 친구 노래가 길을 틔운다
한 곡조 넘겨 신명에 흔들리면
폼 잡는 발자국도 박자 맞게 따르고
화덕 같은 노래방에서 꼬부랑하게 익어가는
우리는 영락없는 꼼장어가 된다

명절 풍경

해거름 녘
버스가 바쁘게 출발선에 들어서면
떠나고 보내는 피붙이가 한 데 어울려
멈췄던 얘기 다시 잇는다

말 템포가 자꾸 빨라지고
매지매지로 묶인 푸성귀들
어른들 긴 얘기에 풀이 죽었다
뜬 눈으로 지샌 송편도 서로 끌어안고
비닐팩 안에서 잠이 들었다

차임벨이 요란하게 울리고
한 입 가득 채운 짐칸이 문을 닫자
유리창 마주보며 작별이 크게 흔들린다

흔드는 손과 마주하던 시선의 각도가 꺾이고
고개 빼고 뒤꿈치를 든 정이
두 손으로 허공을 잡고 있다

대작을 논하다

쇠미산부터 장군봉까지
그 수석 가히 명품이긴 한데
대작치고는 너무 웅장해 앉힐 수반이 마땅찮아
나라에서 공원부지로 묶어
근처에는 손을 못 대도록 했단다

비단, 하얗게 씻은 수반사 깔지 않아도
일등품 수석 아니라고 누가 감히 부정하랴

윤산 아니 서동고개가 산만하면 온천장역 부근이나
장전역 근처 어느 고층아파트에서 창 열고 건너보면
허파에서 헛바람 빠지지 않을 사람 감히 있을까
달빛이 밝은 밤이면 더더욱 좋으련
장군봉 정수리에 북두칠성 걸리면 너무나 장관이고
원효봉에서 범어사 골짜기로 안개 스며들면
눈가에 별이 반짝이는 눈물 안 보일 사람
진정 없으리라

한 세기를 넘기며 자리 앉혔네

바다에 출렁이는 산

금정산 숲속을 오르내리다
골 깊은 삼밭골 약수터에서 보내준
한 모금 친구의 안부를 시원하게 마신다

우리 사이 언제라도 길 틔워
어둠이 바다를 지운 밤에도
칠천량 물결 속에 금정산이 출렁거린다
파도로 밀려온 우리의 강이
밤새 칠천도를 하얗게 누비고

파도 소리조차 아련한 밤
울컥울컥 목을 누르는 얼굴
한려해상공원이 아름답게 물든다

산복도로 · 1

영주동 산꼭대기로 오른 꼬부랑한 비탈길
성북고개 넘을 때쯤 등어리는 땀에 흠뻑 적습니다
판잣집 앞 마중 나온 된장찌개 냄새에
식구들 고스란히 안방으로 모여들었습니다

꽁보리밥 열무김치 비벼 한 양푼 그득해도
게눈감추듯 달게 씹어 넘기고
검은 광목 이불 한 채 속에 식구들 누워
할머니 옛날얘기에 방 따뜻했습니다

산모롱이 자르고 뭉개 신작로 낼 때
빨간 마후라 목에 두르고 하늘 날 듯했습니다
흙먼지 꼬리에 단 마이크로버스 클랙슨이
알토란 같은 아이들 웃음소리 길가로 밀어냈습니다

진역에서 순이 누나 구로공단으로 떠나던 날
완행열차 기적소리 끝 간 데 바라보다
퉁퉁 부은 눈으로 뒤꿈치 따갑게 물집 생기며
한나절 자갈길을 걸어왔습니다

산복도로 · 2

영주동 산복도로는
부산 앞바다 뱃고동소리가
숨이 차서 닿지 못하는 99번지 산동네

아득히 높은
고소공포증 쯤이야
어디에도 도사리는 삶의 풍경이지

꼬마들 사라진 신작로에 어스럼이 들면
한 치 오 푼 짧은 햇살이
슬레이트 지붕을 어루만지는 동네

타래타래 땅거미가 알을 슬러 놓은
신작로에는
마을버스 경적소리가 누룽지처럼 쌓이고

그 많은 누룽지를 나눠먹고도
늘 배가 고파
꼬부라진 산복도로

대변항

날이 저물어
바다에 나갔던 거룻배
물살 가르며 방파제로 돌아오면
상현달
파도 위를 찰방대며
읍내로 마실 나간다

별들이 지천으로 내려와
날 새는 줄 모르고
밤새 물놀이를 하는데
건너 소나무 숲에는
해풍이 둘러 앉아
하루의 피곤을 나누고 있다

종일 그물코를 뜨던
어촌계장의 단잠 속에는
만선의 꿈이 익어가고 있다

꿈은 반드시 이루어 진다

– 80년대 초반, 해수욕장 개장 준비로 바다 정화 활동하는 날이었다

땡볕 통째로 쏟아붓는 바닷가
그늘 한점 등 기댈 곳 없는
일광해수욕장 사내아이들 여남 명 둘러앉아
씨름을 한다

까맣게 탄 몸뚱아리는, 영상
두꺼비 가죽인데
소낙비로 떨어지는 땀방울에
온몸은 모래범벅이다
휴식시간에 바다로 뛰어든 아이들
졸고 있던 바닷물이 깜짝놀라
까만 피부에 붙은 모래를 쓸어 낸다

– 몇 학년이지?
– 5학년입니더
– 그래 넌 천하장사 되겠구나
그냥 한 말은 아니지만 지나쳤는데

점심 때 식당으로 찾아온 아이
– 아저씨 참말로 내가 천하장사 되겠능교
가슴이 철렁하고 정신이 아찔했다
– 그래 열심히 하면 틀림없이 천하장사 된다
가슴 깊이 심어준 꿈 하나
태양보다 더 이글거리는 눈빛이다

이십여 년 동안 땀 흘려 천하장사로 우뚝 선
신봉민이었다

자운영 필 때

땋아 내린 치렁머리 붙들고
파르르 일어서는 봄날

성황당 고개 새벽같이 넘어오신 할머니
풀어 논 중매 보따리 속 푸른 얼굴들
동동구루무에 여드름 핀 소꿉친구들 둘러앉아
소반에 가득 담는 분홍 향기
거울 속에서 웃고 있네

순하고 따스하게 꿈꾸는 황토 땅에서
풀잎 깨우는 봄비에 흠뻑 젖어
시리고 젊던 마른 가슴 촉촉해져
연둣빛으로 번지는 봄
환한 웃음 되어 가슴에 안겨 온다

햇볕이 등을 따수는 한나절
자운영 붉은 들판으로
뚝배기에 담긴 걸쭉한 고향 사연들
들불처럼 뜨겁게 번져 간다

약수터에서

골짜기는 적막 속의 초록이다
약수터에 들어서면 어떤 소리도 잡음이 된다

실낱 같은 무게를 또르륵 끌고 조롱박 속으로 들어 온다
날마다 태양을 향하여 성장하는 식물들
쉼없이 경쟁하다 수굿이 고개를 숙이고
깊은 사념에 빠지며 숨을 멈춘다

약수 한 모금 입에 넣고 고개 젖혀 하늘 올려다 본다
심장 깊숙이 스미는 신령스런 생명수
나뭇잎 사이로 사금파리같이 깨져 내리는 햇살
아프게 눈이 부시다

세상의 소리와는 먼 곳
약수도 식물들도 나도 한덩이 되어
무릉도원에 빠져 든다

마지막 이별

빈소 앞에 엎드려 세상을 다 잃은 듯
슬피 울고 있는 상주

노잣돈 봉투 속에 정성들여 넣고
두손 모아 큰절하며
명복을 빌고 있는 문상객들

젊은날 꽃 같던 세월
바싹거리는 삶을 사느라
몸 한 번 돌아보지 못하다 이제
병을 씻고 떠나는 망자는 되려
영전 앞에 근엄하게 앉아 웃고 있네

현저하게 다른 이승과 저승의 풍경이다

11월

가볍게 들어 선 발걸음
이젠 되돌릴 수 없네
안으려는 따뜻한 사랑
보듬어줄 태양은 힘이 빠진다

붉은 립스틱 짙은 입술로
떠날 채비를 하는
11월의 나무들
여름 기억을 지우고 있네

국화꽃같이 환히 웃는
소꿉친구 불러와
따뜻한 방 아랫목에서
싸락눈 내리는 마음을 녹이고 싶네

억새꽃 소지올리다

소슬바람 여름 식히고
오솔길 꼬부랑하게 돌아 와
무서리 하얗게 널어 말리고 있다

소나기 헛발 디뎌 추락하고
기어오르던 안개도 주저앉는 언덕에서
하늘 푸르게 비질하는 억새꽃

육신 하얀 살점 다 뜯어
소지로 날려 보내며
싸늘해진 가을을 전송하고 섰다

자 떠나자
노을 묻은 구름 한 점
함께 따라나선다.

텅빈 하늘 겨드랑이가 시려온다

줄장미 가슴앓이

시멘트 블록담에
줄장미가 관을 씌웁니다

첫사랑에 눈떠서
가슴앓이 합니다

이 눈치 저 눈치 살피며
바깥세상 넘어다봅니다
회색 담장도 애처로워
눈물자국 얼룩이 집니다

오월 부신 햇살에
부푸는 가슴 억제 못하고

사랑의 불길 자꾸만
활활 번져갑니다

제4부

파도없는 바다

서운암 가는 길

빗물로 말끔히 씻고
반갑게 마중 나온 영축산

송홧가루 날리며 기지개 켜는
소나무 숲을 자박자박 밟으며
산을 내려 온 햇살이 초록 늪에 빠져
옴짝달싹 못하고 있다

민들레 제비꽃이 발치까지 나와 반기고
모여앉은 철쭉꽃 붉은 얼굴이 환하다
골짜기 맑은 물로 묵은 때를 씻어내고
간들거리는 봄바람에 풍경소리 더 맑아
만사를 다 벗어 그냥 내려놓는다

예불 소고

가없는 무언의 말씀으로
몇 천 년 대웅전에 앉았어도
지친 기색 하나 없으신 본존께서

자가웃 가슴에 한 점 바람 일어
무쇠솥 바닥처럼 자글거리며
들쑤시고 다니는 심사를 아시고, 오늘은
내생來生을 위해 가다듬어라
입을 열지 않고도 말씀 주시며
워워, 고삐를 당겨 법당에 묶으신다

백팔 배 하고 일어나는데
번뇌 털어내는 종소리 과–앙
검은 때 닦아낸 연꽃에는
등불이 환하고

종일 고편하고 섰던 실버들 한 그루
노을이 물드는 언덕에 앉아
지금 막, 묵언정진 삼매경에 들었다

측판암

불광산 봉우리 측판암에는
삭풍이 칼춤을 추며 살을 에는데
뼛속까지 찌르는 냉골에 앉아
나무 보살님들 가없는 경을 외며
해탈을 꿈꾸고 있다

겨울 삼동 동안거에 들어
안고 있던 화두 껍질을 벗고
안개 속으로 사라진다
웅크리고 있던 대웅전 짧은 추녀에는
세월에 녹은
낙숫물이 겨울날을 세고 있다

천년 늙은 느티나무도 가부좌 풀고 일어선다

추운 날

어금니를 앙다물고
바들바들 떨고 있는 추위

칼바람 휘두르며
제트기류가 착륙한다

어깨 움츠리고 허리 구부려
무릎까지 꺾어 반 쯤은 긴다

창백한 하늘 가
낮달마저 일그러졌다

봄은 꿈나라

황장목 안개와 어울려
뜬 눈으로 밤새우고
꿈인 듯 생시인 듯 아직
녹초가 되어 잠을 자고 있네

마침
낙락한 가지 끝에는
볕이 깔고 앉아
지나던 바람도 불러와
한바탕 잔치를 벌이고 있네

송홧가루 날리고
천지사방에는 산새 노랫소리
볕 좋고 바람도 좋은 날
얼씨구 절씨구
한마당 잔칫집이로구나

바로서기

칠순을 넘긴 우리 할아버지
말끝마다 해야죠 해야제 해야지
현관에 흩어진 신발은 가지런 해야죠
벗어 던진 잠바는 걸어 놓아야제
밀쳐둔 동화책 반듯하게 챙겨야지
먹다 남긴 밥알은 깨끗이 먹어야죠
비스듬히 기대앉으면 바로 앉아야제
답답해서 소리지르면 조용히 해야지
할아버지 말씀이다
해야죠 해야제 해야지로 끝난다
나를 자꾸만 어린애로 아시는
우리 할아버지

서운암에서

춘곤증에 시달리는 영축산
푸른땀 온몸으로 흘리다
저수지 가장자리에 퍼질러앉아
헤어나질 못하네

절간 발치에 둘러친 담장 아래는
밑도 끝도 없는 속세의 소문들이
봄나물로 무성하게 자라는데
산들바람 알아챈 듯 깔깔거리고 있네

산으로 오르던 꽃 무리들
초록길에 미끄러져 길 잃어
한 계절 헤어나지 못하고
그냥 눌러앉을 거라 작심했다네

봄볕에 눈을 뜨다

지난 밤에는 새벽까지
고샅길에 서성대는 샛바람 쫓아내느라
가랑잎 소리 요란하더니
아침나절엔 마을 잔챙이들 자전거 바퀴가
날렵하게 골목 모퉁이를 돌아가네

삼동을 구들장 지고 있던 어정잡이
모처럼 나와 바지에 손 찌르고
볼이 찢어져라 휘파람 불며
어깨 힘 잔뜩 부풀리고
아침 저녁 주막을 들락거리네

앞산 응달엔 잔설이 희끗희끗 앉아
두터워지는 햇살 눈치 살피고
냇가에 나온 버들강아지
빼꼼히 눈을 뜨고
봄 낌새를 간파 하고 있네

야트막한 돌담 너머 유채밭
밤낮없이 꽃샘바람 들락거리며
웅크리고 있던 사랑 덧없이 휘젓으니
깜박깜박 별이 물을 먹는 밤에
한꺼번에 가슴을 젖혀 눈부시게 환하네

문동폭포

아찔한 벼랑에
그려놓은 유화 한 폭
자꾸만 꿈틀대며 달아난다

여름 비워내는
시원한 물줄기
오금이 오싹하다

작년, 여름의 잔재를 태우던
가을 산
불바다가 되었다

그 불길 하도 뜨거워
하늘도 깜짝 놀라
파랗게 질렸었다

구포 오일장

고무신 콧등이 아직 보이지 않는 첫 새벽
완행열차가 역내로 들어와 길게 엎드린다
장꾼들 무거운 봇짐 한참 차에 올리며
대기 시끄러워 정신이 없다

기적소리에 놀란 차창이 떨리고
객실은 금새 평정을 찾아 조용해진다
레일을 건너뛰는 바퀴소리 숨가쁜데
닷새만에 만난 얼굴들 환한 인사다

청도김씨 화색 좋은 반시 실었다고
빳빳한 청양 풋고추 가마니 얹은 밀양박씨
삼랑진아지매 아가씨 볼 같은 늦복숭아 상자 싣고
배내골 백도라지 가마니가 무겁다는 원동댁
물금아지매는 핏빛보다 진한 딸기 다라이 가져 왔단다

시장통에는 자리를 만드는 손길이 한창 바쁜데
김해아지매 강아지들 광주리에서 부비고 치댄다
대동할매 병아리들 똑똑한 인사에 손님들이 멈춰 서고
구포아저씨 초장에 국밥 해장술에 벌써 딸기코다
특산물이 다모여 설치고 날뛰는 시장바닥이 온통 전쟁터다

금어산 가는 길

숲속 꼬부랑하게 뚫린 길 하나
헐렁한 생각 하나 메고
신발끈 묶고 나선다

짓누르던 생존의 몸짓은 이미
가방 속에 갇혀
옛날과 미래가 엉켜 신음하고 있다

일상만큼이나 가파른 산문에 서면
기다리고 있던 산새가 따라오며
엉겨붙은 멍울을 꼭꼭 쪼아 물고 간다

타래타래 풀어내리는 실개천에
검은 속내를 씻어내면
솔바람이 울렁증 가라앉힌다

금어산 정상에 올라서니
발아래
세상이 환하다

입동 무렵

무작정 쏟아지는
별빛 덮어쓰며
풀벌레 울음이 섧다
밤새 사무쳐
잠 못 이루는 하현달

봄날
여우비 하염없이 내려
고개 끄덕이는 졸음을 눕히고
한나절 내내
눈 못 뜨게 황홀한 꽃구름 피워
따갑게 살갗 지지던 땡볕

무서리 내린 아침
가지 끝 단풍잎 물들면
질긴 인연 등 기대며
바스락거리는 이웃 목소리들

추억의 그 다방

햇볕 얇아진 소설 대설이 지나고
살얼음이 살쪄가는 동지쯤
망토 주머니에 손 찌르고
계단 올라 이층 목문을 들어선다

붉은 립스틱에 분 냄새 짙은 마담
언제나 간드러진 웃음이 인사다
공단으로 부드럽게 장식된 연탄난로 옆자리
단골손님 좌석으로 구수한 보리차가 안내한다

빨간 벨벳 반코트 걸친 인형 같은 미스 박
매니큐어 반짝이는 뽀얀 손으로
계란 노른자 참기름 종지에 빠트려
꽃무늬 사기찻잔에 모닝커피 내려놓는 순간

"박양은 무슨차"하며 다그치는 마담
영락없이 차 한 잔 강매하던
그때 그 다방
으스스한 오늘 아침 가슴에 되살아 온다

가을에게

가을아 더디게 오려무나
가꾸던 일이 아직 끝나지 않았단다

안개가 산허리를 끌어안고 있을 때
촉촉한 땅에 씨앗을 뿌렸지
태양은 따뜻하게 품었고
바람이 온몸을 뒤틀며 산고를 치러
새싹이 흙을 밀고 세상에 나왔지

봄 여름 긴긴날
지치지 않고 열정을 다했다
가뭄에는 어루만지며 물 듬뿍 주고
꽃잎이 벌써 씨앗을 물고 나오면 어떡해

내 가꿀 노동이 없어지지 않느냐
가을아 더 천천히 오너라
땀 흠뻑 더 흘려 지칠 때 오너라
가을아

제5부
허공을 딛고 건너다

피서지 가는 길

겨우내 꼬깃꼬깃 접어둔 관광안내도
거실 형광등 아래로 불려 나왔다
거제 섬이 까발리고 숨겨둔 경치가 확대된다
해금강 외도가 맨 먼저 찍혔다가
동백섬과 몽돌해변 파도에 밀려났다
공곶이가 꽃다발을 흔들다 시들고
바람의 언덕이 펄럭인다 싶더니
칠천도 크루즈선에서 또 요란스럽다

밤새 행선지를 찾아다니며
소주 마시고 오징어 질기게 씹는 여행객들
이름표 달고 나온 피서지는 더욱 흐릿해지고
따라다니며 셈하는 계산기 머리만 아프게 쥐어박힌다
새벽녘에사 끊어졌던 길 하나 겨우 이어졌는데
따라 갈 짐 꾸러미는 매지매지 묶인 채 잠에 빠졌다

태양은 벌써 중천인데
정작 여행객은 지쳐 쓰러지고
빈 소주병들만 곁에서 지키고 있다

폭염 경보

핸드폰 문자판이 경고장을 보내 왔다
손바닥부터 뜨겁기 시작한다
오늘도 태양이 용을 쓴다는 내용이다

깨 농사 고추 농사 뜨거워야 풍년 든다지

나는 얼음 안경으로 무장하리라
아스팔트 위에는
햇빛이 뜨거워서 깨금발로 뛰고

숨이 찬 햇빛은 그늘을 찾아 두리번거린다

얼굴에는 얼음 안경이 녹아서
줄줄 흐른다

아침 참새 떼

대숲으로 안개가 서성이고
새벽은 졸고 있는데
일과를 시작하는 참새 떼
일찍부터 요란하다

마을 한 바퀴 빙 돌고
별장집 수련 항아리에 둘러앉아
밤새 정갈하게 걸러진 생수 마시며
집안 동정을 살핀다

마침 뜰에는
어젯밤 파티가 아직 널려 있다
대단한 진수성찬이라
눈치 볼 새 없이 잽싸게 끼어든다

먼 산에서 아침 해가 솟으니
누워있던 케이크 칼이 번쩍 눈을 뜬다
에구머니
놀란 참새들 먹던 케이크 비스킷 그냥 두고
화들짝 바람 일으키며 대숲으로 날아간다

뭉게구름

햇살 안고
덩실덩실 춤을 추더니

끓어오르는
애간장 지체 못해

한줄기 소나비로
막 쏟아붓네

뭉게구름 속에도
붉은 속앓이가 있었네

더위에 녹아내리다

펄펄 끓는 태양
매스컴 무등 탄 폭염 경보
몇 차례 스마트폰 메시지로 꽂힌다
아스팔트 위에서 헐떡이는 여름
쏟아지는 열기에 붉게 익었다

어둠을 더듬는 초저녁
풀벌레 조심스레 풀섶에 숨어들며
나직하게 보내는 발신음
더위를 넘기는 신음소리인 걸
한참 지나고사 알았다

하늘 저편 완연하게 앉은 별자리
자꾸만 눈 깜빡임은
그리 난해하지 않은 것 같은데도
미처 알아채지 못하고
동이로 퍼붓는 소낙비에 무력함을 떠내려 보낸다

공연장에서

칠월 염천 연밭에서
공연을 시작한다
소낙비 장단에 서막이 오르면
개구리들 음치 높여
논두렁길을 나선다

번개조명이 찬란하고
뇌성 큰 음향이 천지를 울리면
연꽃 대궁에 밝히는 등불
무대가 환히 밝다

초록 물결이 환호하는
노천 공연장에는
큰 연잎 우산으로 받쳐 들고
물닭들 일제히 눈을 감고
소낙비 공연을 가만히 듣고 있다

할머니의 치매

하던 말을 깜빡 잊고 우두커니 앉아
어디서 본 듯한 앞 사람 주름을 헤다
느닷없이 누더기 벗은 이야기
합죽한 입으로 마구 쏟아낸다

그때 우리 같이 갔던 거시기는
윗동네 부잣집으로 시집 갔제
삼십촉 알 전구는 보름달 되고
희미한 옛날들이 슬그머니 보인다

박하사탕보다 쏴한 바람이
귀를 깨워 열어놓고
적막에게 점령당했던 방안에는
침을 바른 이야기들이 다투어 줄을 선다

감았던 눈을 뜨고 반짝 빛이 난다

옹나이의 황포돛대

지리산 깊은 산골이 옹나이의 고향이란다. 이른 새벽 사립문 젖히고, 싸맨 보따리 들고 아버지의 억센 손길을 피해 돌담을 뛰어 넘었던 옹나이, 뜨거운 물이 펑펑 솟아난다는 온천장을 물어물어, 버선코 헤지고 검정 고무신 뒤축에 부르튼 발 절룩거리며, 감고 빗고, 땋아 내린 긴 머리에 도라지 냄새 짙은 인기척에 온천집주막 주인은 먹여주고 재워주고 삼천 원 월급에 눈치껏 하면 껌값도 수월찮게 생긴다는 주인의 면접은 금세 끝이 나고, 주인의 후한 인심으로, 주름치마도, 스웨터도 공으로 입었지. 빨간 립스틱 짙게 바르고, 거울 앞에 선 여배우 같았지. 지리산 자주색 도라지 같은 옹나이의 덕으로 손님들은 바람같이 들이닥쳤고, 백열등 좁은 방안에는 담배 연기가 구름 낀 하늘 같은데, 귀엽고 순진하다며, 손님들의 친절에 빈 속에 받아먹은 정종 몇 잔에 지리산 실개천이 꼬부랑꼬부랑 흐르고 햇살 아래 맨발로 콩밭 매던 땀은 흘러간 강물이 되고, 주름치마 퍼질러 앉아 한 번도 못 들은 이미자의 황포돛대가 희망봉을 향하여 출렁이고, 배추이파리 껌값 한 장이 스웨터 안으로 꽂히자 굳어 있던 대나무 젓가락 장단은 신명이 넘쳐 호마이카 술상 모서리 이빨이 빠지고, 덩달아 옹나이 꿈도 이빨이 빠져, 코맹맹이 소리로 어둔 골목을 누비는 황포돛대.

병문안

긴장한 발걸음이 병실을 들어선다
낮달 같던 환자 눈에서 섬광이 일어나고
가족은 손을 덥석 잡은 채 아무런 말이 없다
따뜻해진다
침상에 누워있던 허리가 순간 영도다리처럼 움직인다
기적이다

지금껏 물고 있던 메스상처가 슬며시 아픔을 푼다
좀 어떠세요 별일 없냐
자잘한 궁금들이 꼬리 물고 나오면
이웃 침상 신음들이 조용해서 엿듣는다
잠시 쫑긋해 있던 귀가 닫혀지고
긴장을 푼 에어컨 바람에 조이던 가슴 시원하다

조리 잘하세요 그래 내 걱정 말고 어서 가
굳어 있던 관절이 병상을 내려서서 따라 나선다
돌아서는 까만 눈들이 질기게 붙어 떨어지지 않는데
엘리베이터 문이 가로 막아선다

바이탈 검사

형광등이 눈을 부릅뜨고 자고 있는 침상을 깨운다
널브러져 우왕좌왕 앓고 있던 신음들
출입문 투명 창 앞에서 덜미가 잡혀 탈출을 포기한다
숨겨진 혈당을 바늘 끝이 따끔하게 잡아채고
팔뚝을 지나가는 핏줄을 막아 혈압을 검문한다

나이팅게일의 손끝이 아픔을 얼마나 감지 했을까

싸늘한 절망이 긴 밤을 하얗게 건너왔다
세상 떠들썩하던 뉴스의 명쾌한 해설처럼
몇 방울의 소독제로 쌓인 불순물을 분해한다
자질구레한 아픔들이 청진기에 이실직고하면
링거줄 타고 절뚝거리며 목표지점을 찾아가는 생명수

눕혔다가 앉혔다가 바로 서게 하는
그의 손길은 늘 희망이 살아난다

허수아비 편지

초저녁부터 너에게 편지를 쓴다
성인지미로 칭송할 이웃 일
참극하는 여의도 일번지 이야기랑
비몽사몽 밤이 새도록
해변에 깔린 몽돌 같은 사연들 모아
봉투가 작아 택배로 보내기로 했다
우체국에서 박스를 무겁게 부치고
오면서 보니 몽돌은 없어지고 백사장으로 변했어
그 사연 다 읽으려면 몇 날 며칠
속을 태우는 냄새가 진동할지 몰라도
날마다 일어나는 비참하고 애끓는 사건들
이제는 듣도보도 않기로 작정했었지
그동안 채이던 돌덩이 없애고
귓가를 스치는 시원한 바람 맞으며
하늘에 피는 꽃구름 그늘에 누워
하얀 모래밭에서 가벼운 휘파람을 불고 있다네
자네도 한 번 시험해 보렴
딱히 꼬집을 수 없지만 허수아비가 된단 말이야

호스를 접어 깔고 앉았다

종합터미널에 버스가 도착했다
사람들이 바쁘게 화장실에 들어와
변기 앞에 줄을 서서 용변을 본다
한 사람씩 볼일을 마치고 나가는데
키 큰 사람이 누굴 기다리는 듯 서 있다
한참 후 작달막한 사람이 손을 씻는데
– 자네는 나보다 호스도 짧은데 먼저 와서 왜 그리 늦노
– 아이고 말도 마라 이 사람아 차 탈 때 시간이 없어
화장실에 못 가고 여기까지 오는데 호스를 접어서 깔고
앉아 왔더니, 빨리 펴지지 않아서 그리 늦었다네

억장이 무너지는 날

아이고
이제 다 살았다

묻지마라
말 시키지 말라고

눈물 반 콧물 반
울고 불고

하늘이 무너지고
새까맣게 땅이 꺼져

영혼까지 털어버린 그 소리
이제 끝장이다

허 허 허

바람꽃

태종대 자살바위 가파른 허공
신비의 요소를 간직한 바람들
넋을 매달아놓고 가만히 날개 접고 앉아
엄마품에 안겨 젖 물고 졸고 있다

큰 바람 온다는 일기예보도 없었고
단지 먼 산에 바람꽃이 잔뜩 끼어 있을 뿐이었다
갑작스레 배지가 뒤틀리는 토사곽란같이
벼락치기로 황소바람 밀치며 달려온다

하얀 비늘 반짝이며 고요하던 오륙도 앞바다
물보라 휘날리며 지랄용천 한다
백운포 바람등대를 그냥 지나
이기대, 미포, 시랑대 바닷길을 주저없이 달려간다

과학으로도 증명 못한 대기의 흐름
산은 알고 있다고 어렸을 적에 들었다
평소에 반신반의하며 그냥 지냈으나
옛날 말 하나 거짓 아니라는 걸 오늘 경험했다

*바람꽃 : 큰 바람이 일 조짐으로 먼 산에 구름같이 끼는 뽀얀 기운

꿈을 꾸다

나는 날마다
고래등 같은 집에서
새우잠을 잔다
잠 잘 때는 새우잠을 자면서도
고래꿈을 꾼다
여느 땐
편안한 개꿈을 꾸고 싶고
어떤 날은 돼지꿈도 꿔
두툼하게 지갑도 채우고 싶다
늘 행운과 불운이
바람처럼 스쳐가도
원대한 포부로
고래꿈을 꾸고 있다
아직도 미완성인 고래꿈
그러나 나는
오늘도 고래꿈을 꾼다

제6부

손끝에서 웃는 꽃

목백합 가로수

매서운 검사관 눈매에 긴장이 감도는 묘목장
심사과정은 엄격하고 세심하다
외모는 미인 같아야 하고
체구는 장정처럼 건장해야 한다
요모조모 뜯어보며 잣대까지 들이대고
속내까지 검사받고 합격, 명 받았다
허리에 붉은 끈 휘장처럼 두르고
입사시험 합격한 신입사원인 양 설렌다

사방팔방으로 뻗은 팔다리 다 잘리고
밧줄에 꽁꽁 묶여 트럭에 실려 와
넓은 도로변 일렬횡대로 줄지어 섰다
혼절에서 깨어나 보니
경적 소리와 인파들 물결에 멀미가 심하다

묘목장에서 날마다 무지개 꿈을 키우던
젊은 목백합나무
정신을 가다듬고 적응해야지 하며
벌써, 드라이브 청춘들과 손을 흔든다
지금 고향 뒷산 허리에는 아직 안개가 잠꼬대하고 있는데

찔레꽃

참찔레 꺾어 무논 개구리울음 섞어 먹던
나의 유년
무쇠라도 녹일 오종종한 남매들과
보릿고개 넘던 그 시절

바닥에 먼지 뽀얀 장릿쌀독 안고
부도처럼 앉아 밤 지새우던 어머니
배고픈 통증이 가지 끝마다 매달려
봄밤의 서러움이 가시 같은 아픔이다

하얀꽃 지고 까치밥 붉게 익으면
흐느끼며 담 넘어오는 저 고픈 향기
어머니의 상처가 그렇듯이
나의 슬픔이 그렇듯이

먼 추억으로 되살아오겠지

풀꽃에게 듣다

문득,
봄은 그렇게 온다

햇살이 쬐는 산비탈에
마른 가지가 잎을 띄우느라
자지러지는 연두색을 본다

봄의 길은 양지쪽
흙빛 버선발
고랑마다 풀꽃 씨앗을 심고
아득아득 짙어지는 초록

네가 별이 되는 날
네가 등불이 되는 날

문득,
봄은 그렇게 온다

고향의 강

어스름한 달밤
긴 칼을 뽑아
도깨비 잡으러 가는 강
굽이굽이 산기슭 돌아
숨죽여 더듬어 간다

칼자루 불끈 쥔
떨리는 손
밤새 쉬지 않고 재촉하는
엎드린 발자국
거친 숨소리가 무겁다

돌밭 지나고
숨바꼭질하던 정자나무 근처에는
여태껏 술래가 지켜 서서 훌쩍이고
범바위 숲속에는 아직도
도깨비 휘파람 소리가 무섭다

제비꽃

내 젊던 호시절에
제비꽃 얼굴을 한 아가씨에게
뉴턴의 사과처럼
맥없이 떨어져버렸지

헐렁한 시간 위에 서서
장님 되어
날마다
제비꽃 기다리며 가슴앓이 했지

태풍처럼 휩쓸며
먹이 쫓다 늪에 빠진 맹수 마냥
저린 오금 그냥 퍼질러 앉아
생긋이 웃는 제비꽃
그때가 참으로 달콤 했었지

초록으로 웃는 꽃

세속의 씨앗 하나
꽃비 한아름 보듬고
어둠 삼키며 밤 지새울 때
파란 하늘 보고파 까맣게 목이 타고 있었네

새벽 종소리 들으며
햇살이 세상을 은빛으로 물들일 때
허방에 꽃 피우는 사랑으로
색색의 빛깔을 들고 화려한 몸짓을 했었네

도시의 언덕에 서서
사치스런 계절풍을 건너와
어둠에서 눈부시게 눈을 뜨고
책갈피 열면 환하게 웃고 있는 초록의 꽃

불난 저수지

응달에 엎드려 있던 잔설
엉거주춤 골짜기를 내려와
저수지에 누워
까칠한 몸을 녹인다

종일 땡볕에서
진땀 빼고 목이 타던 더위
검푸른 산을 끌고 저수지에 들어가
헐떡거리며 녹조를 풀고 있다

마을 뒤 선산에 누워 계시던
할아버지
잘 익은 산을 만지작거리다
저수지에 빠뜨렸다

물속에서 활활 타는 가을 산
지금 저수지가 펄펄 끓는 중이다

황금밭을 일구다

느린 황소걸음 뒤로
비틀거리며 따라가는 쟁기
마른 땅 구석구석 다 갈아엎고
지쳐 논둑에 쓰러져
반짝 옹니가 빛난다

쟁기의 푸른 소망을 베고
길게 누워있는 이랑
뒤꿈치 들고 지나가는 써래
여린 손가락으로 쓰다듬으면
주름진 얼굴 촉촉이 펴는 논바닥

철벅철벅 논배미 지나간
황소 발자국 위에
뿌연 막걸리 새참이 차려지면
하늘을 이고
파릇파릇 일어서는 새싹들

삶과 삶

해 질 녘
산비알 옆길로
사력을 다해 질주하는
고라니 한 쌍
괜히 울렁거리는
영문 모르는 가슴

새벽녘
양지바른 언덕
허공으로 나는 장끼 한 마리
회오리로 따라가는 바람 한 줄기
놓친 고양이 동공은
샛별보다 파랗다

호야의 꿈

산 비탈길이 반질거리도록
나뭇짐 지고 내달리던 호야는
나보다 댓 살 아래
우리 집 꼴머슴이다

거름냄새 퀴퀴한 뒷방에서
새끼를 꼬지 않을 때는
절절 끓는 구들목에 누워
마른 체구 배배 꼬며 잠만 잔다

문풍지 우는 겨울날은
양산 읍내 물레방아
목청껏 물레방아를 노래하다 허출하면
고구마나 동치미를 와싹와싹 씹어댄다

저녁이 어둑해지면
닭장이나 염소막까지 돌아 본다고
이제 한 섬 닷 말 새경값 한다며
어른들 칭찬에 신명이 나 우쭐한다

내년 동지 새경은 두어 섬 될라나
어문은 꼭 떼라는 어른들 말씀을 되새긴다
천자문도 사고 공책 연필도 사야지
설레는 가슴에 무지개가 핀다

낙동강 전투

짜디짠 바닷물이 강물에 스민다는 소문이 나돌자 칠백 리 낙동강 지류의 맹물들이 의병을 일으켜 인해전술 작전을 개시했다. 흐르고흐르고 마냥 흘러서 바닷물과 부딪치는 것. 참새미댁 손자의 해맑은 눈동자가 맨 먼저 나서고 잇따라 실개천 접시물도 합세를 했다. 고랑고랑 칠백 리 길길이 흘러흘러 절벽을 뛰어내리고 늪에 빠져 평지풍파 녹조가 웬 말이요. 들숨날숨 숨이 가쁜 고기떼는 길을 잃고 헤매며 목청이 쉽다. 개울길 흘러온 목이 마른 물줄기는 골짜기를 더듬더듬 느림보 걸음이고 의병들은 흘러야 이긴다고 앞장서서 외치는 참새미댁 손자의 목청이 높다.

지금 낙동강 하구에는 짠물과 맹물이 뒤죽박죽 요지경 속 전쟁이다.

연수네 포차

사통팔달로 열어 논
동부시외버스종합터미널 건널목
천 리 인심 다 반기고 헤어지는 곳
발뒤축 여섯 계단 올라선 연수네포차*

모진 세파를 헤쳐가는 바쁜 일상들
무거운 이야기보따리 풀어놓고
비빔밥을 맛있게 버무리며
맵싸한 담치국물이 일품입니다

꼬깃꼬깃 접어진 추억을
식탁 위에 하나 둘 올리며
거미줄처럼 엮어진 희미한 얼굴들
막걸리에 타 거나하게 마십니다

뜨겁게 익어가는 옛날이야기
쫀득쫀득 씹으면
배앓이 훑어내리는 할머니 약손 같은
뜨겁고 걸쭉한 오뎅진국이 시원합니다

*연수네 포차 : 동부시외버스터미널 건널목에 있는 식당

동장군

여름 내내 훈련해
단련된 무사들이
동장군 침입을 막으려
요소마다 방호벽도 설치하고
매복을 한다

살을 에는
매몰찬 삭풍을 앞세워
군가처럼 소리 높이 외치며
눈도 뜨지 못하게
무리로무리로 달려오는 동장군

밤사이
준령도 넘고 깊은 강을 건너와
세상을 하얗게 점령했다

그래도, 웅크린 산과 유유한 강은
몸을 되찾으려 심기일전하여 땀 흘리고 있다

일상은 걷는 일이다

밤새 꿈길을 지나와
창문 열고 아침을 맞는다
하늘 저쪽으로 눈길 보내면
바람 헤치며 걷는 코가 상쾌하다

시집을 펼쳐 들고
책갈피를 넘어가 시인의 말을 듣는다
그의 심중을 다 헤아리지 못해
되돌아와 다시 듣기도 한다

테라스에 나가 섬으로 건너가면
피곤해 하던 눈에서 생기가 걸어나오고
서둘러 가는 마음 당겨 천천히 걸으면
난데없이 휘파람이 따라와 함께 걷는다

혈관으로 피가 걷고 코로 바람도 걸어가고
날마다날마다 걷고 또 걷는 일이다

| 편집 후기 |

내 젊은 날에는 성질이 까탈스러웠습니다.

속에 있는 말을 가라앉혀 모를 죽일 줄도 모르고 남의 눈치를 보아가며 감정을 삭이는 참을성도 없었습니다.

그러나 40여 년간 식물원을 경영하며 결고운 정을 이웃과 나눌 때는 부드러운 마음이 싹트고 간이라도 빼줄 듯이 정답다고들 했습니다.

그러면서 가끔 이웃에게는 등불을 밝혀 길을 안내하며 천근 무거운 짐은 혼자 다 짊어지며 살기도 하였습니다. 내가 편리하기 전에 남에게 피해를 주는지 지나친 세심한 때문에 잃는 것이 많다는 주위의 충고도 마다하고 내 정신만이 바르고 참되다는 것을 보여주기 위해 유식한 척 색을 칠하기도 했습니다.

인생은 정답이 없다고들 합니다. 해보지 않은 경험에서는 아무 것도 배울 수가 없으나 분명 해답은 있습니다.

인격이란 편안한 환경에서는 절대로 성장하지 않습니다. 특별히 빼아나 남들보다 앞서는 것도 좋지만 그저 물처럼 사는 평범한 진리를 깨닿고 보니 그동안의 어리석음이 부끄럽기 그지없습니다.

텃밭에서 정성들여 가꾼 채소를 좋은 것은 이웃과 나누고 상품가치 없는 것은 내 차지가 되는 것은 나눠보지 않은 사람은 이해하기가 쉽지 않을 것 같습니다. 이제부터라도 예포창날 같은 성깔머리 죽이고 초록은 동색으로 살으리라 마음 먹어봅니다.